# Bir Kalp - Bir Sürü Kırık
## (Bir Şiir ve Sanat Koleksiyonu)

**Sandeep Kumar Mishra**

**Başlık–**
Bir Kalp-Bir Sürü Kırık

**Yazar–**
Sandeep Kumar Mishra

**Çeviren-**
Meral Alison

**Kapak ve Diğer Sanatsal Çizimler–**
Sandeep Kumar Mishra

**İllüstrasyon–**
Hetal Mishra (12 yaşında)

**Yayıncı–**
Tektime

**Baskı –**
17 Mart, 2024

## Hatırlatma

***Kitaptaki şiirler şairin günlüklerinden alınmıştır. Bazı şiirler daha bir çocukken yazılmışken, bazıları gençliğinde, diğerleri ise zorluklara karşı metanetli hale geldiği zamanlarda yazılmıştır. Şiirlerde mükemmel bir dil aramayın. Bu şiirler yazıldığında elbette yayınlanması amaçlanmamıştı; onlar bazı özel anlardaki duygular ve hislerden ortaya çıkmıştır. Yazıların orijinalliği korunmuştur.***

## Ödüller ve Onurlar

Amazon'un En Çok Satan Kitabı
Readers Favorite Madalyası
Maharishi Vedvyas Ödülü
Uluslararası Kitap Ödülleri (ABF) Kısa Liste
Indies Today Kitap Ödülü Kısa Liste
Literary Titan Kitap Ödülü Kısa Liste
New York Kitap Festivali Kısa Liste
Independent Author Network (IAN) Kitap Ödülü Kısa Liste

***Kitap şu ana kadar 12 dile çevrilmiştir.**

**Şiir Koleksiyonu Hakkında**

Bu hayatta kesin olan bir şey vardır; o da hepimizin bir noktada, o veya bu şekilde, bir hayal kırıklığına uğrayacağıdır. Bizlerle aynı kadere sahip birini gördüğümüzde veya okuduğumuzda ona karşı bir sempati besleriz veya onu okuyarak ve hakkında konuşarak kendimiz için bir teselli bulmaya çalışırız. Aynı şey bu koleksiyon için de geçerlidir. Şiirler konu bakımından çeşitlilik göstermektedir; çoğu, yazarın kişisel duygularının ve içinde bulunduğu durumların şiirsel bir yansımasıdır. Onlar, 20 yıllık yaşamsal olayları kapsamakta olup açık, gerçek ve arınmış duygularla yazarın içinde bulunduğu durumların çıplak gerçekliğinin bir ifadesidir ve şairin yolculuğunu da göstermektedirler. Koleksiyonda yer alan şiirlerin yarısından fazlası son 5 yılda çeşitli dergilerde basılı veya dijital olarak yayınlanmıştır.

**Şair Hakkında**

Sandeep Kumar Mishra, Indian Poetry Review'da bir şiir editörüdür. Şair bugüne kadar "Maharishi Vedvyas Ödülü-2022, Readers Favorite Ödülü-21, Indian Achievers Ödülü-21, IPR Şiir Ödülü-2020 ve Literary Titan Kitap Ödülü-2020"nü kazanmıştır.

Yazar, ayrıca, "Commonwealth Kısa Öykü Ödülü-2023, 2021 Uluslararası Kitap Ödülleri, 52. New Millennium Ödülü-2021, Asya Antolojisi-2021, Joy B Şiir Ödülü 2021, Oprelle Şiir Ödülü 2021, MPT Hikâye Ödülü-2022, Newcastle Hikâye Ödülü-2022 ve Anasi Hikâye Ödülü-2022" gibi prestijli ödüllerde de kısa listeye kalmıştır.

**Teşekkür-**

**Şairin bazı şiirleri burada listelenen dergilerde, mecmualarda ve çevrim içi medyalarda daha önce de yayınlanmıştır-**

Society of Classical Poets, Third Wednesday, Blue Mountain Review, Brasilia Review, Red Earth Review, Redfez, Reflections, Scares, Snapdragon, Susan Journal, The Blotter, Criterion, Quail Bell, The Human Touch, The Literary Yard, Thin Air, Torrid Literature Journal, Willard and Maple, Winamop, Ygdrasil, Really System, Poetry Soup, Asian Signature, Garfield Lake Review Chiron, Review, Cold noon, Convergence, Curlew, Digging Through the Fat, Down in the Dirt, Fixional, Good Men Project, Poetry Nook Magazine, Harbinger Asylum, Hawaii Review, Helix, High Plains Register, Joey & the Black Boots, Literary Orphans, Marathon Literary Review, Phenomenal Literature, ZOUCH Magazine & Miscellany, verbal art, London Literary Review, San Antonio Review, Scene & Heard (SNH), GFT Press, Bombay Gin, Stone Coast Review, Poetry Space, International Times it, Poetry Leaves, Cardinal Sins, Indiana Voice Journal, Mud Season Review, The Internet Void, Salmon Creek, Dreamers Anthology, All Poetry, Canada Quarterly, The Write Launch, DJ JELAL, Aquillrelle, Setu Magazine, Rambutan Literary, The Bitchin Kitsch, Poetry on the Move, Active Muse, Poem Village, Her Heart Poetry, Purcell Press, The Fiction week, The Diary Files, Kuchh Poetic, The writers and readers, Poem Hunter, Kitaab.Org, Poetry Sydney, Realistic poetry, Able Muse, Poetry on the move, Tipton poetry journal ve çok daha fazlası.

**İçindekiler**

## Dünya



## Doğa



## Evren

## Bir Okyanus Resmi Yaptım

Bir okyanus resmi yaptım
ama kıyıyı unuttum,
Gemiler falan yoktu,
Yakından baktığımda,
o benim izolasyon yolculuğumdu
tıpkı denizde yol alan dalgalar gibi.

Yüzyıllarca aradım yalnız başıma
yolcuları eklemeyi seferime,
Hâlâ tekil duruyorum bu ölümlü güvertede.
Demir atacak bir adaya ihtiyacım var,
Telsizle aradığımda,
Dışarıya doğru sessiz bir monoloğa dönüşür,
cevap
içeride tınlayan boşluktan gelir.

Her tsunami ile
çekirdeğin bağrından,
İncisiz bir konülarit gibi hissederim,
Ölü Deniz enginliğim olmasına rağmen
Yaşam şevkininbir deniz feneri yok ki.

**Benim Galerim**

Vücudumun üst kısmında bilişsel bir zil çalar
canlı kablolardan oluşmuş çevirmeli bir bağlantıdan,
Modem çalışıyor sadece
durmaksızın temin eder
çorak ve kel aile yollarının kopyasını.

Günlük yüklerin iç hantallığı
kıvrılıyor, tutunuyor yukarıya doğru,
Canlılık yok,
yaşama gücü parazitlendi,
Nasıl solurum hayatı?

Gündüzlerim ve gecelerim
bir beyin hücresi içinde cıvatalı,
Sesim tutulmuş,
Hırgür çıkarma planı kuruyor
kafatasımın içinde yaşayan ruhuma
ve dikte eder tonumu taklit eden notaları
ben belleğimi çözemediğimden.

Görüyorum huysuz gölgemin beni terk ettiğini
Geride sadece ben, benliğim ve kendim kalıyor,
Neden beynim bir kara delik?
Oysa evren olamaz mıydı
hani migren, tabletler,
şırınga, sırt ağrısı ve uykusuzluktan oluşan?

Rüyalarım olmuş ölü bir kalıp
fosilleşmiş parıltı kadar yıpranmış,
Her şey aynı olmuş
dayanıklılık farklılıkları olan
sonuçların ağırlığı dışında.

Cehennem azabından geçerken

dengesizliğim düzelecektir,
Asın duvara geriye kalan sanatımı
çünkü ayrılan süre sonunda galerim sona erecek.

**Nehrin Ölümü**

Zihin telim yıpranmış yolların
görüntülerini oluşturur
günlük yük yollarındaki
bir kısa devre sonrası.

Hastalıklı bedenim titrer
sağlam dikişlerinin,
deriden çalmış molozlarının ağırlığıyla,
Yaşam gücü tükenmiş çünkü
Az enerjim var nefes almaya,
Duyduğum o ses benim değil,
Tanıdık tonlarla dikte eder notaları
fakat yabancı ifadelerle dolu,
kendini davet kılığında gizler.

Keşke kendimi kurtarabilsem
anılardan veya kafatası mağaramda saklanmaktan,
amma velâkin zapt etmek akıl kârı değil,
Sonra öğrenilmemiş bir gülme geldi,
Bir bahar doğar güneş ışınlarının içine.
Bir deniz doğar nehirlerin ölümünden.
Bir hayatı yaşamanın iki yolu vardır,
Zor olanın peşinden gidebilirim ben.

## Bana Daha Çok Acı Getir

O abanoz ikinci kişiliği görmek isterim
hani beni ölüme mahkûm geleceğime götürecek
bulutlarda bir kırık var mı diye görmek için.

Hayır, hayır, bekle! Fikrimi değiştirdim şimdi
bazı kafa yormalardan sonra o bana
yaklaşan karasızlıkları da gösterebilir
yüzleşemeyebileceğim kararsızlıkları.

Aramı düzelteceğim,
torpido rüyalarım, spazmodik kalbim,
yaşanmamış gecelerim, huysuz günlerim,
bitkin bedenim ve yıpranmış ruhumla.

Bak! Şimdi kalbimin ortasında
delikli zonklamayı hissediyorum
hayat bana işkence etmeyi reddettiğinde.

## Bir Ruh Yudumla

Sadece sonsuzluğun kara bulutlu gölgesinde
görebilirim bir yanılgının zırvalamasını,
O mutlak varoluşun bir yanılgısı,
O insanlığın boşunalığının bir yanılgısı.

Cennet gibi ekran parıltısı açığa çıkarır
bir inatçı demansı,
Bu çıldırmış üstünlük durumunda
ahlâk geçersiz olur
zıt formlar birbirlerini yutarken.

Acı soluyorum, korku soluyorum
O karanlık sessizliği istiyorum
hani o tüm formların yok olduğu,
Günahları tatmak için yaşamalı mıyım?

Cesaretim yok
tadın acı olduğunu bildiğim zaman,
düşmüş ama tatlı bir ruhu yudumlamak için.

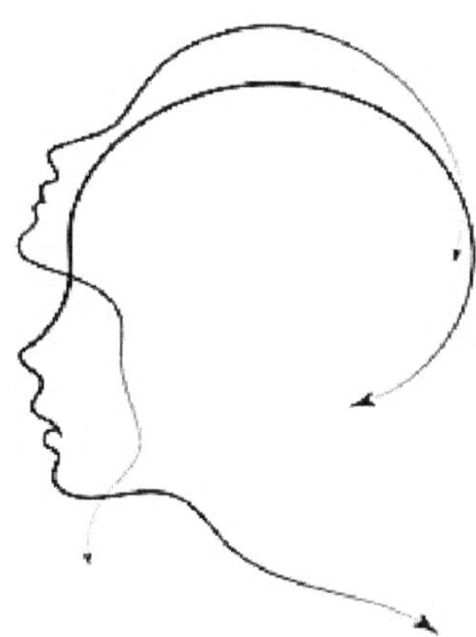

**Uyku - İndirimde**

Dolanırım her gece yatak kasabasında
evde yetişmiş sakin lezzetler almak için,
İnsan yaşamının karanlık hayaletimsi gizemleri
ikna eder beni mücadele ve çekişme gününden kaçmaya.

O unutkanlık diyarına gitmeye hevesliyim,
O bilinmeyen bölgeyi takipteyim lâkin
bulamıyorum beni bıktırmanın bir yolunu,
Gerçekleştirilmemiş arzular sık sık havada kaldığında
hayal gücüm tamamen uyanık, ağını örer mükemmelce.

Uyku bir rüya kız, bir misk güllü hoş koku,
Guguk kuşunun melodileri, romantizmin dinginliği,
Bu cömert güzelliklerin kıymetini bilirim her daim
fakat her nokturnal iş epey cafcaflı olacak
çünkü uykusuzluk benim duygusal ilgim oldu.

Her gün bana sempati duyar lâkin her gece azap eder,
Mecburum gönülsüzce satmaya uykumu,
Eğer satın almaya istekli ve ağlamaya hazır biri varsa.

## Neden İntihar Edemedim?

Uzun süre dillerin belasıyla oynaştığımızdan,
kromatik şikayetçi bedenimin üst kısmında,
bir migren zili çalar
kapalı çevirmeli bir aile bağlantısından.

Radyo kalbim bazen yakalar
kibar frekansları hani
sputnik anneden çıkan.
Kişisel yol haritası artık çevrim dışı,
bu kadar çok kazadan sonra
ücretlendirilmiş, yapayalnız toplumsal yollarda
günlük sıkıntıların patikalarında
yıpranmış rotalarda yalnız giderken ben.

Tüm mekanik noktalar devre dışı,
transistör yeteneğim geçiş yapamadı
içsel personamın içgüdüsel sinyallerine,
Direnç zihin başarısız oldu
babam ve arkadaşlarının beni koyduğu
yanlış iletim hattını sonlandırmada.

Arızalı toplumsal kapasitör kapattı yolumu,
kişisel sanatsal enerjimi depolayamadım içimde,
çünkü negatif ekonomik yük
kesintiye uğrattı hayatımı,
Günlük ağırlıkların içsel hantallığı
hani ekmek kazanmak, kıvrılmak,
yukarıya sıkıca tutunmak,
doğuştan sanatçı olma hayalimi birbirine doladı
dünyevi kösteklerin kapalı çemberinde.

Enjekte ettiler ''olumsuzlamanın yanılsamasını''
tıkanmış kimlik damarlarıma,
Hiçbir zaman ''ani duygu selim'' olmasa da

mangalda pişmiş iç benliğimi yiyerek yaşamak isterim.

Artık bir kara delik, o ben olmaya karar verdim
bu migren, tabletler, şırınga, sırt ağrısı,
ve insomnia takımyıldızı ortaya çıktığında
ve hayatıma bir apokalips getirdiğinde
o gerçek felaketten önceki hayatımda
hani dışarıdan birinin müdahalesi etkili olmadan önce.

Eski ahşap sandalyeye dikilmiş,
tavan vantilatörüne bakarak,
eşimin kırmızı sarisini bağladım
bağlantısız boynumun etrafına,
Yansımasını gördüm gülümseyen
Kızımın aynalı almirahta.
Beyin dalgalarım alçağa daldı,
çalkantılı okyanus kalbi boyunca yüzdü hayat
ve benim şeytani içgüdüm
insan zayıflığının derin enginliklerinde boğuldu
kıyıdaki dünyevi duygular,
içimdeki bir gelgit, bilinçsizce indirdi beni aşağıya.

Bu bana bir etiket daha kazandırdı - Bir korkak!
Ne kadar kızgın olduğumu anlatamam bile
ölenlerin arasında olamadığıma,
Kendimi öldürmek zorunda kaldığım enerji,
hayatta kalmam gereken enerjiymiş ve onu anladım.

Güneş ışınları kara bulutların arasından süzülür,
Bir okyanus doğar nehirlerin ölümünden,
Bir hayatı yaşamanın iki yolu vardır,
Zor olanın peşinden gidebilirim ben.

*******

**Ortada Duruyoruz: Bir Dengeleme Yasası İhtiyacı**

**(Kibirden yıllar boyu anladığımız şey)**

**Sevgili Eşime Bir Mektup**

Canım

Eğer sana herhangi bir şey söyleyebilseydim veya kalbimdeki hisleri gösterebilseydim, bu, hayatımızın en büyük ya tamam ya devam noktası olurdu. Ama sana şimdi bir medya aracılığıyla anlatıyorum.

2003'ten bu yana evli bir çift olarak birlikte yaşamamıza rağmen, bizimkisi başarısız bir evlilik çünkü biz ruh eşi değiliz hatta bazen, düşman gibi davranıyoruz. Seni sevmeyen birini sevmek kolay mı? Birbirimizi gerçekten seveceğimize dair yemin etsek de. Ama bu, aşk olarak adlandırılamayan bir tür ''komisyon aşkı,'' daha çok bir iş anlaşması.

Beni şaşırtan bir şey ise hâlâ birlikte olmamız. Her zamanki gibi dinlemeyeceksin ama son üç yıldır yazdığım şiirlerde viran olmuş ruhumun acılarını dile getirdim. Çektiğim acıları sana hissettirmek için onlardan bazılarını buraya ekledim.

***''O abanoz ikinci kişiliği görmek isterim***
***Hani beni ölüme mahkûm geleceğime götürecek***
***Bulutlarda bir kırık var mı diye görmek için''***

Sana âşık olduğumda, toydum ve naiftim ve heyecanlandım sen bana biraz ilgi gösterdiğinde. Hoşlanmaya başladığım kişinin ezeli düşmanım olup olmayacağını nasıl bilirim? Zamanla, bu durum beni duygusal ve fiziksel yönden zayıflatan bir duruma dönüştü.

*''Kuzgun rengi uçuşan saçların parıldar—gölgelenir
Kucağında uzanırım, gece gelir ve gün solar.
Senin harikulade, ela gözlerin sakinleştirir beni
Yıldızlar, gökler ve denizler olana kadar seveceğiz''*

Farklı yolların peşine düşemeyecek kadar çok mu zayıfız yoksa bir gün her şeyin yoluna gireceği konusunda aşırı umutlu muyuz? Küçük bir toplumda yaşadığımız, geleneklere bağlı olduğumuz ve belki toplumdan biraz da korkanlar olduğumuzdan sürekli acı çekiyoruz, yine de bir gün her şeyin yoluna gireceği umuduyla da ayrılmakta tereddütlüyüz.

Lâkin bu uyumsuzluk yanlış bir şekilde iki çocuğumuzu da etkiliyor. Durumum daha iyiye gitse de cehennemi yaşıyorum her dakika. Yine üzgün olduğumda, her gün olduğu gibi, etkileşime girmiyor ve oynamıyorum onlarla. Kötü bir babaya dönüştüm. Bazen, en ufak hatalarda tokat bile attım onlara. Uzaklaşıyorlar benden. Neden bu zavallı ruhlar kendi hataları olmadığı halde acı çeksinler ki?

*''Ölümün ötesinde bir yaşam var mı?
Gökyüzünde bir yol var mı?
Bizler hevesli günahkarlarız
Ama affedilmeye tabiyiz''*

Bu mektup aracılığıyla, sana aşkın sabırlı, aşkın nazik olduğunu anlatmak istiyorum. Aşk kıskanmaz, övünmez, kibirlenmez. Aşk daima korur, daima güvenir ve daima sebat eder. Aşk bencillik değildir, bencilliğin tam tersidir. Eğer yalnızlık alışkanlığına kapılırsak, yaşam özelliğimiz haline gelecektir o.

*''Bir okyanus resmi yaptım
Ama kıyıyı unuttum,
Gemiler falan yoktu,*

***Yakından baktığımda,***
***O benim izolasyon yolculuğumdu***
***Denizde yol alan dalgalar gibi.''***

Kırgınlığının bir nedeni de benim düzensiz işim. Bu konuda tam bir başarısızlığı kanıtladım. Geçici öğretmen olarak maddi sorumluluklarımı iyi yönetemedim. Yanlış yatırım ve diğer kumarlar işe yaramadı. Durumu daha da kötüleştirdi. Şimdi borç batağındayım. Faizleri ödemek zorundayım. Geceleri uyuyamadım. Bir migrenim var artık.

Problemin diğer kısmıysa hep bir yazar ya da ressam olmayı istememdi. Ama başarılı bir yazar olmak için, modern sosyal medyayı ve diğer yayıncılık hilelerini kullanarak kendini ünlü kılmak ve yayıncılık camiasında arkadaşlar edinmek için zamana ve en önemlisi de paraya ihtiyacın var çünkü bu subjektif bir alan.

Yazarak para kazanmak istiyorum ama kolay değil ve artık çok geç. 1994'te yayınlanmaya başladım ama çocukluğumdan beri yaşadığım sıkıntılı hayat nedeniyle arada bir yazdım. Bazen yazılar arasında 7 yıllık boşluklar oluyordu.

***''Canlılık yok***
***Yaşama gücü parazitlendi***
***Nasıl solurum hayatı?***
***Gündüzlerim ve gecelerim cıvatalı''***

Şimdi, durum şöyle ki eve dönmeye korkuyorum çünkü ön kapının arkasında beni bir dırdır festivali bekler. Hislerimi konuşturacak düşüncelerim var ama aklımın bir köşesinde dikkatli dinlemeyeceğini veya tam olarak anlamayacağını biliyorum.

Dolayısıyla, her şey içeride yanan bir delik, beni kızdıran. Agresif bir ses tonun ve duruşun var. Gece gündüz bir tür sarkastik veya küçümseyen bir tavırla alay ediyor benimle. Bazen hiç konuşmuyoruz. İç benliğimle sürekli bir düello içindeyim ama bir yenilgiden dışsal kaynakları suçluyorum.

***''Dolanırım her gece yatak kasabasında***
***Evde yetişmiş sakin lezzetler almak için,***
***İnsan yaşamının karanlık hayaletimsi gizemleri***
***ikna eder beni kaçmaya***
***Mücadele ve çekişme gününden,***
***Gitmeye hevesliyim***
***o unutkanlık diyarına.''***

Mutsuz çocukluğumun farkında olmaman beni çok tepkisel yaptı. Geçmişimi öğrenmek için zamanın ve kalbin var mı? Bu geri dönüş, zayıf yönlerimi anlamana yardımcı olacaktır.

Sorunu çözecek bir mekanizma geliştirmek zorundayız ve bu bizi evliliğimizde daha uzun yıllar sürecek çaresizlikten kurtaracaktır. Herhangi biri başarısız bir evlilik yapabilir ama bazı iyi kötü sebepler için iyi düzeyde bir uyum gereklidir.

***''Neden beynim bir kara delik?***
***Nasıl bir evren olamaz***
***hani migren, tabletler,***
***şırınga, sırt ağrısı ve uykusuzluktan oluşan?''***

Aynı yatakta veya aynı odada uyumadığımızda kendimize nasıl evli bir çift diyebiliriz? Seninle oturmak, sana kalbimi açmak, seninle sevişmek, bir restoranda akşam yemeğinin tadını çıkarmak ve seninle bir seyahate çıkmak istiyorum.

Ama tüm bunların hepsi bir hayal oldu; aslında, diğer mutlu evli çiftleri gördüğümde acı çekiyorum sık sık. Uzun zamandır bir partiye ve bir arkadaşımı ziyarete gitmedim. Nadiren pazara gidiyorum. Sosyalleşmiyorum. Hatta senin gördüğün ve bana defalarca söylediğin gibi düzgün bile giyinmiyorum.

***"Zihinsel telim yıpranmış rotaların***
***Görüntülerini oluşturur.***
***Günlük yüklerin yollarındaki,***
***Bir kısa devre sonrası.***
***Hastalıklı bedenim titrer***
***Ağırlığıyla yaşam gücü tükenmiştir"***

İnsan üzgün olduğunda dünya ona bir hiçmiş gibi görünür. Kim için giyinecek? Bana karşı biraz bir şey hissetmiyor musun? Gün içinde, senden uzak durmaya çalışırken bilinçli şekilde meşgul tutuyorum kendimi. Lâkin bunun da gözlerim ve sırtımda olumsuz etkisi oluyor çünkü bilgisayar başında 10-12 saat aralıksız oturuyorum.

Öte yandan, sen müsait olduğunda benimle konuşmayı, tartışmayı veya eğlenmeyi düşünüyorsun ama birbirimizden o kadar kopmuşuz ki kimsenin ilk adımı atmaya cesareti veya tevazusu yok.

***"Aramı düzelteceğim,***
***Torpido rüyalarım,***
***Spazmodik kalbim,***
***Yaşanmamış gecelerim,***
***Huysuz günlerim,***
***Bitkin bedenim***
***Ve yıpranmış bir ruhumla"***

Baştan başlamak istiyorum. Kendimizi yüceltmeliyiz. Egolarımızı bir kenara bırakmak zorundayız. Eve gittiğimde çocuklarımı ve karımı göreceğim ya da birlikte iyi vakit geçireceğiz gibi basit onaylamalar yapmayı düşünüyorum çoğu zaman. Ama olmuyor. Yardımına ihtiyacım var.

Her sabah, bazı işler için birbirimize teşekkür ederek veya övgüler sunarak harika bir gün geçirmeliyiz. İçinde akan bir enerji hissedeceksin. Kötülük yapmak isteyen herkesin başarısız olacağını söylemek kitab-ı mukaddese uygundur ancak insanların senden faydalandıklarına inanmak insan doğasının bir davranışıdır.

***''İman parlak olduğunda, şüpheler ihtişamını kaybeder,***
***Bilgelik büyüdüğünde, gözyaşları azalır;***
***Her dal çiçek getirmek için bekler,***
***Umut sana ikinci bahar şansını verir''***

Görüşlerini nokta atışıyla vurgulayabilirsin ancak üslup işbirlikçi olmalıdır. O halde farklılıkları kabul et ve onları fırsatlara dönüştür.

***''Mesih'in bedeninin birlik içinde bir araya gelen farklı kısımları vardır.''***

Basit çözüm, gözlerimin içine bakmak ve ''Sen benim düşmanım değilsin'' demek. İçe dönük birisiyim ama ara sıra kendimi göstermeye çalışacağım. Küçük jestler, dokunuşlar ve hediyeler ya da bir piknik, film, alışveriş faslı işe yarar mı?

## Avlumda Bir Ağaç

Avlumda bir mühim ağaç
Tek miras, bana geçen, bir ozan.
Zarif çiçekli yanardöner yaprakları
Tatlı armağan ödülü - bazı emekli kalıntılar.

Dinliyorum çardak kuşunun seğirmeli esrarengiz
Cıvıltısını şakacı serçelerin gösterişsiz evinden.
Gün doğmadan neşeli bir sıçrama fısıldar bana
Kuru yapraklar tatlı şurup gibi dalgalanırken.

Personayı çoğaltmak için altında dururum
Bir sabah meltemi Yagona içeceği gibi süpürür.
Hanımım bir ilâhiyle lambayı yakar
Biraz lütuf almak için cefakâr ayaklarına dokunur.

Ne zaman karamsar olsam, onu bulurum her daim
Sesi sakinleştirici ama pandomim tarzında.
Bütün ikindi bir keşiş gibi meditasyon yapar
Bilge ağabeyimi itiraf etmeliyim.

Her akşam gençler gölgede oynar
Bahşederler olgun tatlı meyvelere.
Karanlık yatağım onun avlusunda
Sevgili koruması gibi uyuyorum.
Fark edilen bir boşluk yok
Onun puslu kucağında dalıp gitmişken.

## Deniz Manzarası

Aşkım, hayalim! Benimle gel
Çayırları örteceğiz, denizin ötesine.
Saray dikeceğiz yıldızların arasına.
Dünyevi didişmelerden ve savaşlardan uzak.

Gökkuşaklarına, beyaz nehirlere bir bak.
Arduvaz renkli dağlar, kırmızı güller, esmer serçeler.
Parlak ateş böcekleri, altın kartallar, siyah arılar
Sarı ayçiçekleri, kızıl makavlar, yeşil ağaçlar.

Yağmurlar ıslatır sabahları, geceler çiyle parlar
Doz için bir demet öğlen,
akşam keten kuşları görüş alanında.
Ilık güneşli kış, ay ışığının aydınlattığı serin geceler
Zarafetine hayranım, dokunuşun korkularımı yerle bir eder.

Kuzgun rengi uçuşan saçların parıldar—gölgelenir
Kucağında uzanırım, gece gelir ve gün solar.
Senin harikulâde, ela gözlerin sakinleştirir beni
Yıldızlar, gökler ve denizler olana kadar seveceğiz.

**Kafiyeli Yürür**

Arzulu kartal gözlerim gördüğünde seni,
Bir baskı hissettim damarlarda.
Kırmızıyı pompalayan işçi kalpte bir durak,
Parlak yaz mevsiminde altın güneşten bir gün gibi.
O, sabahın serinletici meltemi şeklinde gelir,
Her daim çiçeklenen yaşayan bir bahçe gibi görünür.

Kendi ihtişamından yarı utangaç,
Daha adil olandan adil, asla solmayan bir parıltı,
En iyi karanlık ve aydınlığının çehreleri.
Dudakları mercan kırmızısı ve
Kırmızı ve beyaz gül yanakları,
Göğüslerinde bir vadi, derin ve dik
Bin diyarı kazanan bir gülümseme.

Çekiciliği hoşa gider amma velâkin
Senin gençliğini heba edebilir iç çekişlerle
Havadar saçları örümceğin gümüş çizgisini sallar,
Yumuşak sesi eski bir opera melodisi gibi kaybolur,
Onun ruhunun parfümü senin gücünde hisseder,
Boş nazım yolunda kafiyeli yürürken,
Binlerce isimsiz zarafet hareket eder.

Sonbahar yapraklarıyla dans ettiğinde
Ruhumuzda bazı yumuşak fısıltılar titreşir.
Altında toprağı, üstünde gökyüzünü sallar
Çünkü o bir tanrıça, bir enkarnasyon,
Sadece gözlerim kapalı görebilirim.

*****

## Bir Flaş Kurgu

Aşina olmadığım bir genç kız
yolumu kesti geçen gün
Bir misk geyiği sıçrarken,
Kara buluttan bir ay çıktı.

Yüzü, yarısı kuzgun buklelerle kaplı
gündüz vakti geceyi açtı,
Tarzı ve zarafeti cennetseldi.
Ani teklifimde acele ettim,
Somurttu - ortadan kayboldu
Tıpkı sudaki bir baloncuk gibi.

Bu flaş karşılaşma
Hayata dair bir anekdot,
Onun izini süremem ben
Bu dünyevi denizde,
ama entelektüel yoldaş olan
Bir ozana ilham verir.

**Bir Gökkuşağı Anısı**

İçi boş hediyem üflediğinde
kalp ızgarasında ölmekte olan canlı anıları,
sevgi dolu çocuksu bir köz ışıldar.
Donmuş siyah anılar geçmişteki renkleri eritir,
Bir gökkuşağı hatıralarının ışıltısı,
İşlek kaldırımımıza yürüyerek çıkarken
Evlerin arasında bir deniz çizgisi gördüm.

Kırmızı elbisen parlak kırmızı bir
tekne gibi altın kumlara batar,
Mavi balık ağlarını yakalarım,
Şu kahverengi kale duvarları boyarım
yeşil liken plajında.

Ruhum konuşur, dudaklarım kımıldar
Toplantı frekansları, kucaklaşma dalgaları,
Bu anları ağla yakalamaya çalışırken
tıpkı bir sokak kirpisinin sarı yumrukları gibi
gökkuşağını minik ellerinde tutuyor.

**Annem**

Uzun bir yolculuğa çıkarken
beni bıraktığından beri,
her gün saatim sıfırla başlar
oysa diğer saatlerde hiç sıfır yok.
Annemin nerede yaşadığını bilmem.
Önceki gece cildim yumuşacıktı
beni nemli dudaklarıyla öperken.

Annem beni neşeli görmeyi diledi,
en sonki minör acil durumuyla ilgili
yanıtlıyor sağlık vaziyetini,
kardeşlerimle nasıl oyunlar oynadığını,
hayata dönmesi için, ihtiyacı var bana.

Merak ederim, neden bir neden ile nasıl hareket
edeceklerini sadece insanların anlaması lazım?
Gerekçeleri dırdır etmemizin nedeni bu mu?
Oraya gitmemek basit,
Onunla tanışmalıyım biliyorum lâkin
Geçmiş yüklerim durdurur beni
ona vaat edilen topraklarda buluşmak için.

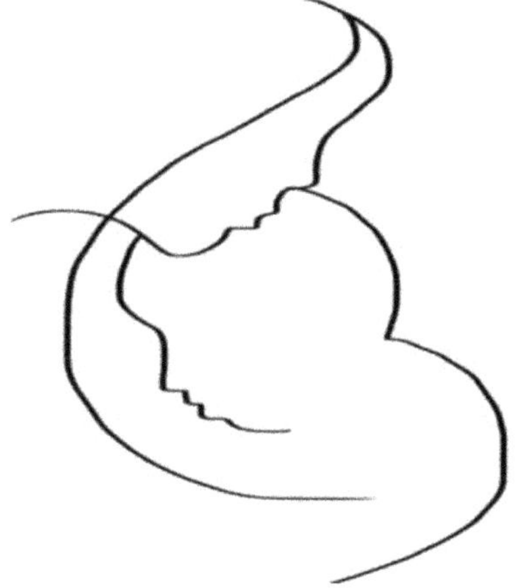

**Babam**

Babam feminen şeyler yapmadı hiç
çocuklarını kucağına almak gibi
onları sevmek gibi, onlarla oynamak gibi,
Evet, maskülen şeyler yaptı, bazı aynaları kırmak gibi
kapılara hızla vurmak gibi
kafasını duvara çarpmak gibi,
çocuklarına tokat atmak gibi,
herkese şiddet uygulamak gibi,
çaresizlik onu kapanına kıstığında
yoksulluk ve gerilim ağında
ve gerçekleşmemiş arzularda.

Onun içindeki Ortodoks ve aşırı bağnaz bize öğretti ki
onu bilge yapan batıl inançlarının çoğu
sosyal hayattan yoksunluğu ve ben ki neredeyse ateistim.
Bize iyi değerleri öğretti
Odasına girmemize izin vermeden.

Görmüştük onu şiirler yazarken
ama onun evreninin bir parçası değildik,
Dünya eserlerine aşina olabilir fakat
biz hiç okumadık kitaplarını çünkü
onlara bir bağışıklık geliştirdik.

Özel okul öğretmeni olarak, değiştirdi birçok okul
açık sözlülüğü yöneticiler tarafından beğenilmediği için
dürüstlüğü etkinliklerden alıkoydu onu
sosyal toplantılardan veya fonksiyonlara katılmaktan.

Hiç anlatmadı bize tarihimizi, coğrafyamızı
Kardeşlerden bihaber, hapsolmuş kapalı aile çemberine,
Toplumumuzdan bilgisiz,
sosyal çevremizin sınırlarında yaşıyoruz artık.

Babamın yanında olmak, konuşmak, öğrenmek
ve ona hizmet etmeyi diledim ama hâlâ bir bağım yokken,
Uzun zamandır görmedim onu ve
hiç ihtiyaç ya da ağrı da duymadım.

Zamanını saymakta,
mirasıdır yayınlanmış bazı kitaplar
ve yayınlanmamış el yazmaları
yatıyorlar bir depo almirahta,
Aramızdaki uzun mesafe tutuyor beni
o birkaç adımı atmak,
uzun bir yolculuk gibi.

Yetiştirilme tarzı ve şans hayatımızı şekillendirir,
babam kendi talihsizliğinin çocuğuydu ve
ben de babamın çocuğuyum.

**Kız Kardeşim**

O masum yıllarda hani
hayatımızı birlikte paylaştığımız zaman,
derinden bağlı kaldım sana
anneme yaptığımdan daha da fazla.

Ayrı düşmek zorunda kaldığımızda,
sen kendi evine gittin,
Hâlâ çeyiz gibi seninleydim,
Gençlik günlerimi seninle geçirdim
benim kardeşçe sevgim hizmetinde
iyi günde kötü günde.

Hep beni düşünürsün önce,
Beni hep destekledin,
beni derinlerde tanıyorsun,
ama hâlâ çoğu şeyi, gizliyorum.

O an geldi, gök gürültüsü vurduğunda,
Kendi bireysel yollarımıza düştük fakat
bana hatamı söyleseydin keşke
Ayrılık daha iyi olurdu.

O "Raksha gününde" beni görmeye gelemediğinde,
uzun bir yaşam koşusunu sürdürmek için
aramızdaki bağın fazla tatlı olduğunu gösterdi,
Düşünüyorum da belki de bir balondu sevgimiz,
veya o an bizden daha iyiydi.

Yine de ne arzuladığımı biliyorsun,
Tüm o yanlış anlaşılmalar ve saçma sapan kavgalar
hani bizi üzenler, büyümenin bir parçası,
Yaşamla ilgili o kadar çok ders öğrettin ki bana,
iyi, kötü ve çabalamanın anlamını.
Dünyevi yollardan bihaberdim,

Burada zavallı bir ruh yok sayılacak bir şeydir,
gittikçe ufalıyordun sen
çeşitli aile ilişkileri arasında
yani, sevgimin emeği kayboldu mali savaş alanında.

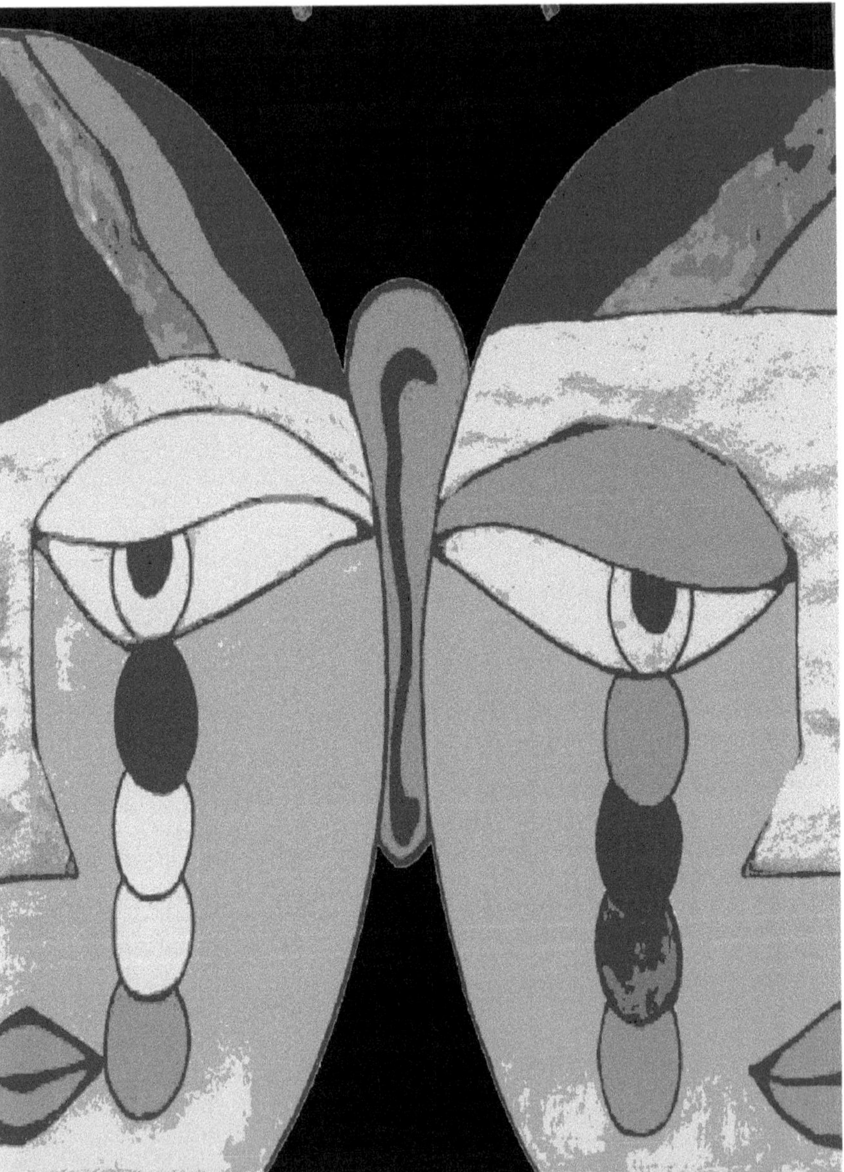

**Hastaneye Bir Ziyaret**

Hastaneler hakikatin ideogramıdır
hani ölümde sahte bir yaşam nüansının olmadığı-
halis acı, pembe ıstırap ama lekeli umut.

Hoag'ın bir galaksi olduğunu görebilirsin
bir galaksinin içinde bir galaksi
Bir hasta, Anka kuşu gibi,
yeni hayata kavuşur küllerinden doğarak
ama diğeri ölür bir
alevler ve yanma illeti şovunda.

Beyaz duvarları terk etmiş
onun gerçek petro-aromatik kızını,
ilaç, şurup, dettol veya antiseptik
bazı kokusuz kemik ve etlerle
yeni adım aromasını benimsemek için.

Onun cerrahi halkı, neşeli yeşil,
korku ve umutla
rüya formunda her reçeteye
azıcık aşk iksiri ekler.

Hastalar o kadar gerçek soluk mavi ki
bu Sparta okulunun
sabrı olan hastaları,
görmek için cesur olmaktan başka bir şey yapamazsın
Çünkü insan, acısından daha büyüktür,
sen de büyük bir filozof olursun,
bu dayanıklı binadan dışarı çıktığında.

Bir duygusal, hastaları görmeye gelir,
Bir el tutar, sanırsın kendi ev anahtarın elinde,
ama hiçbir yürek aşk tarafından baypas edilmez burada,
Onlara sarıldığında, kaburgaları

senin tombul karnın için bir oda yapar,
kalplerinin yavaşça battığı
titanik şelalesini hissederken sen.

Herhangi bir aynadan veya öz yansımandan kaçın,
Görmeyeceksin o genelde
gördüğün şeyleri ama arınmış ruhun
çıkıverecek ortaya vücut bezinden
tıpkı demir parmaklıklı bir pencereden
çıkagelen güneş ışığı gibi.

Kendini küçük görmeyi dengelemek zordur çünkü
iç yükün vücut ağırlığından daha fazla olacak,
Hadi bu insomniyak yatakları methedelim,
hadi bu ayarlanmayan fanları methedelim,
methedelim olmayan oda servisini,
hadi hastane personelini methedelim
onlar kanatsız meleklerdir.

Sahte sevinç maskesinin altına saklanarak
bulurlar son kullanma tarihi geçmiş akciğerleri ve
her gün yollarına uzanmış yorgun kalpleri,
Hayatlarıyla poker oynarlar
bu virüs ve rahatsızlıklar oyununda,
diğer pasif taraflar için de ölümü teşvik ederek

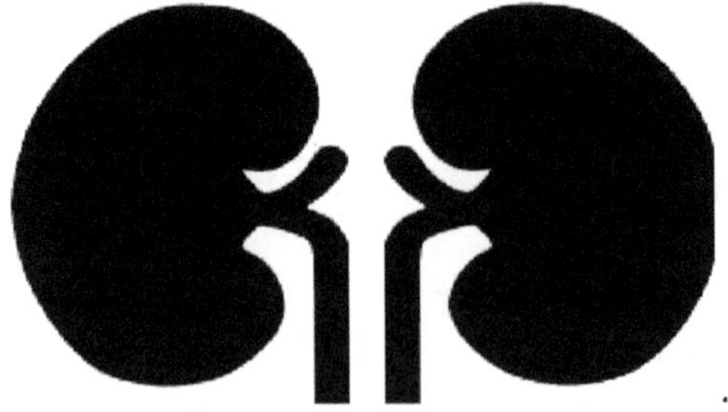

**Korona-Vorona Günleri-Yolları**

İnsanlık korona hareketine teslim oluyor,
Saklandığım deliğe dönen deniz faresi gibiyim,
Bir siren her sabah lâkin aldırmamak için kalırım yatakta,
Dakikalar gibi görünen saatlerdir,
Kış uykusunda harcanan hafta ve haftalar,
Küçük, yalnız bir ayı mıyım ben?

Evimde ev özlemi çekeni
Kovid-19 olmayan ev hapsine alın,
Ürkütücü bir palyaço kovalıyor gibi hissettirir
Zombilerle köşeye kıstırılıyorum,
Kırmızı bölge dünyasındaki yeşil evden çalışıyorum.

Sosyalleşmek için oturum aç, uzaktan sesi aç,
Vücut robotlarım yemeyi, uyumayı ve yemeyi yineler.
Saat 12'de yapsam kahvaltıyı yine de kahvaltı sayılır mı?
Çayın yanında kurabiye alsam akşam yemeği
yine akşam yemeği mi sayılır?

Gözlerimi kırpıştırıp ufka odaklanıyorum
sanki konsantrasyon beni oraya taşıyacakmış gibi,
Şu çiçeğe konan bir kelebek mi gördüm az önce?
Yalıçapkınları boş sokaklar üzerinde uçtuğu zaman,
Bize neler oluyor, biliyorlar mı?
Daha önce fark ettiğimden daha
fazlasını mı fark ediyorum?

Akciğerler kendini iyi hissettiğinden,
kuşlar artık uçaktır, çıkıyoruz evden dışarıya
oradan bahçeye ve sonra tekrar içeriye,
hepimizi münzevi yaptı o.
Gökyüzü artık mavi, yoksa sadece bana mı öyle geliyor?
Şimdi azın çok olduğunu anlıyorum.

Aralıksız nefes nefese trafik ve insanlar
şimdi maraton bilinçli nefes,
Başkalarının sağlığını takip için alışveriş yaparız,
Dezenfektanlar yüz maskeli ceplerde,
Hapşırmak dikkat çekmenin bir yolu artık,
Korona savaşçıları ön saflarda
ama bazıları hâlâ lanet eder ve ağlar.

Bu şey kurgu değil - sağlık ekonomiye karşı,
Kurgu karanlık olsa da müzik var hâlâ,
Kovid-19 çok başlı bir meydan okuyucu
modern yöntemimize, uyanmaya
ucuz emekten ucuz yol satın almaya.

Neden suçluluk duygusu hissettiğimi merak ederim
başkalarının acı çektiğini gördüğümde ben acı
çekmiyorken, pijamalarıma alışmaya çalışıyorum artık.

**Benim Şehrim**

Şehrim avanak yüzünün tadını çıkarır
AVM'ler-gökdelenler onun hayati uzuvlarını bağlar.
Günler zahmetli gücü dışarı atar
tırmanırken son derece istikrarsız geceler.

Kornalar, sirenler, müzikler, kirlilikler,
vızıltılar ve sessizlikler
bir milyon davulu yener dilsiz sesler bestelemek için
Her boş yerde yetişir burjuva kafalar
insanlığın cuntasını günlük turlarına almak için.

Bu şehirliler asla durmaz ama bir lider öne çıkarır
10'dan 5'e kadar aralıksız zalim çalışma kültürü.
Etrafta ışık var ama manzara soluyor gibi görünür
yaşamı kazımaya odaklı doğa için bir mezar olur.

Bitap sabah yürüyüşçüsü veya cıva gibi akşam gezgini
Mekanik geç uyuyanlar veya aciz geç kalkanlar.
Sofa, halı, TV, cep telefonu ve klima
Hepsi birer granit müzesi ama yok mayışmış bir sükûnet.

Otobanlar bir ölüm yolculuğu yolu
Huzurlu bir kuytu için çabalarım.
Şehir beni bir şekilde yıktı mı?
Hayır, o benden daha iyi adamları bozdu.

Bir milyon kalabalık ortasında tek başıma dururum
Tanrı sessizdi ben süratle acı çekerken.
Yok sayılarak ölmeye hazır değilim
Son nefesimi vermeden yeni bir şehir inşa edeceğim.

**Şehir Hayatı**

Parlak zevkler ama sıkıcı hayat
Koşuşturma, kaos ve çekişme
Gelişmenin yolu, bir mekaniksel yaşam
En yapay, daha az doğal
Tek toplum, karma kültür.

Sıcak beton ama soğuk çelik
Pek çok sempati ama çok azı hissedecek
Çoğu güler ama bazıları gülümseyecek
Disko, bar, otel ve kulüp
Eğlence ve sefa, şehir bir merkezdir.

Bir sürü diken, birkaç gül
Sahte arkadaşlar ama gerçek düşmanlar
Sevinçleriniz ve üzüntüleriniz
Küçük aileler ama minik kalpler
Büyük duvarlar ama küçük geçitler.

Çoğu bilinmez, bazıları tanıdık
Gelecek belirsiz, şimdi açık
Hepsi uzak, birkaçı yakın
Şehrin farklı beklentileri var
Çoğu kurgu, pek azı gerçek.

Gidilmesi uzun, elde edilmesi az
Çok azı eyleme geçecek
ama pek çoğu tepki gösterecek
Bazıları verir ama çoğu alır
Bıçağın ucunda kuruş yok
Şans senin yanında, bereketli bir hayat.

Çok azı bilgilidir, en çoğu zeki
Hepsi olgun, çok azı masum
Koşmak için bir yarış, zekanla alt edilme

Giderken, yana bakma
Uzun yolculuk ama boşluk geniş.

Ben, benim, benim için, tek nosyonum
Bir sürü hareket, sıfır duygu
Eli bolca acı ama çok az iksir
Sofa dağdır, halı denizdir
Benim için yaratılan o şehir budur.

****************************************************
****

**Mini Şiirler**

1
Emziren anne
utanmaz değil,
o, şefkatinden utanır

2
'Khajuraho' sanatı müstehcen değil,
o güzel bir manzara
kendi gözleminde

3
Modern insan çıplak değil,
o çıplaklığı alınmış
ama kendi moda havasında

4
İnsan hayvan değil,
insan bir insan
ama kendi material gösterisinde

## Onların Acılarını Satın Aldığında

Baca dumanıyla doldu buzlu rüzgarlar
Noel bloğunun yakıldığının sinyalini verir,
Her tarafta rengarenk ışıklar parıldadığı zaman,
kutsal keşişler neşeli temayı söyler.

Kutsi zambaklar ve dekoratif fildişleri evleri doldurur
Kasaba kasaba dolaşır neşeli yankımız,
Şarkı söylemek için ağaçların etrafında bir kuş gibi tüner
Koroyu dinle, hoş çıngıl çanlarını getir.

Her gün özlediğin sevdiklerinle buluş
Düşmanlarına sarıl, kolayca kaçmalarına izin verme,
Zengin ve fakir aynı sofrada
Emek ver ama onu masal haline getir.

Bırak ilgi gitsin gizli bir yere
İzin ver sevgi hak ettiği yeri alsın,
İç ve boğ endişeni
Kimse yalnız ya da acelesi var gibi görünmüyor.

Bir kez Mesih'in işaretini yüreğinde taşıdığında
Onun lütfunu hissetmek seni Gilbert yapar,
Tanrı herkesi gerçek haliyle sever
O'nun cazibesiyle uzak dur kötü alışkanlıklardan,
Herkese müreffeh bir sabah dileme zamanı
Mutlu Noeller onların üzüntülerini satın aldığında olur.

*****

**Doruğun Sembolü!**

İnsanın ötesinde
Bütün canlılar birbirini yutar
Zihinsel duyarsızlıklarından,
Ama bugün insan insanı yer,
Onun bilgeliğinin iflası mı bu?
yoksa doruğun sembolü mü?

## Biz Üçüncü Dünyayız

Kendini ilan etmiş birinci dünya ülkeleri
bizi üçüncü dünya olarak etiketlediler
sosyoekonomik olarak adlandırılan endeksler ve
diğer "modernlik gerçek kalkınmadır" indisi
çünkü vermeyiz akşam yemeği partileri
fakat iyi beslenmiş bir günün hayalini kurarız.

Çocuklarımız eski devlet okulunun zemininde ders çalışır,
diğer dünyayı yeşilliklerden ve
solgun duvarlarında figürler asılı duvarlarından bilirler,
Kadife çimenler üzerinde koşmak isterler
her sabah çaput toplamak yerine,
Çocuklar eski oyuncaklarını bırakıp giderken,
siz bizi terk ettiniz.

Burada bir genç ergenlik yıllarında olgunlaşır
ve tanır günlük yüklerin halihazırdaki deseninin içindeki
karanlık bir fütüristik yapının ana hatlarını,
Bir vatan şarkısının trajik tekrarlarında,
o genç girişimciliğin hayalini kurar
ama bir termitin ölümü onun çabalarının köklerini oyar.

Erkeklerimize, "Pantolonunuzda Tutun!"
ve kadınlarımıza, "Dizlerinizi Kilitleyin!" dersiniz
ama burada seks tek eğlencedir,
üç dakikalık bir rahatlama için
hazırız tövbe edip yozlaşmış ve ahlaksız hayatı yaşamaya.

Bazı vergiye tabi ruhlar hayır işleri yürütse de,
fakirler yırtık pırtık elbiseler giyer,
zenginlerse farklı görünmek için onları giyer,
Bir anlaşma vardır arabada oturanla
yardım için yalvaran zavallı dilenciyle.

Köle gölgeleriyle dolu değersiz hayatlar
yoksulluk tahliye edilmeden yaşam sürer,
Dış yardım örümceklerinin ağına takılmış,
Bu büyük protuberansa yaslanırız
ve burjuva sınıfını zorla besleriz,
Propagandamız daha yeni adil hale geldi
görmek, iç çekmek ve ağlamak için.

İç savaşla gözleri bağlanmış,
politik yaşam ve ölümün bir kaynağı,
ne tür bir savaş alanı olduğunu anlamakta anlayamayız
biz de silahlarımız da varız onunla başa çıkacak,
Her daim ifade özgürlüğü için yırtınan,
hiç çalışmadı derimizle dudaklarımız
arasındaki farkı bilmeye.

Bir bölünmüş ülke borç indirimi için iç çeken ve ağlayansa,
anti-propagandayla beyni yıkanmıştır,
Liderler her saniye milyoner olurken
ve insanlar her geçen dakika daha da fakirleşirken,
topraklar süt ve balla doluyken,
'para yok' diye ağlarlar hâlâ

Sahte ahlakla kendine tarz yapmış medya,
halkla ilişkiler ve uyuşmazlık röportajı hedefler
bunu sürekli felsefe haline getiren bir zavallı düşünce,
sesleri zarif kıyafet içinde saf zehir saçar,
sözde azınlık adına,
her haber dini damgayla etiketlenir,
öne çıkarırlar ahlaksızlığı milletin yüzü olarak,
küçümserler iyi niyetleri.

Seks ve şiddet yeni bir eğlence biçimi,
burada büyük avukatlar ve şirketler açıkça etki altına alırlar
demokrasi çılgını başkentlerde büyük kârlar için,
bu yoksulluk ve ıstırap adaletsizliği,

bu kritik noktada üçüncü bir dünya üzerinde tartışan
yanlış düşüncelerin açık bir göstergesi değil mi?

**************************************************
*****

**Bu Yaş – Hava**

Yeni kreasyon?
Fedakâr bir teklif var mı? Biraz özveri var mı?
Hayır! Pek değil.

Artık sosyal değer biçmeler değişiyor
Hâlâ zenginliğin merkezinde kıpırdamadan dururlar,
Yani sadece para kazanmak,
Para-dilemenin her yerinde.

Ah! Bu yaş-hava
"Para-avcısının" korkusu yok.

**Pembe Dizi**

Hayatımız Tanrı-sponsorluğunda bir pembe dizi
maddi reklamlar çekeriz günlük,
gündelik melodram, hani
her bir bölümde olay örgüsü döngüsü olan,
Bir bölüm bitebilir ama hikâyesi asla,
Şans var, kaçırılmış fırsatlar var,
Ani koşullar var, son dakika kurtarışlar var,
Bize tahsis edileni provalarız ama birisi
başkasının yerine geçmek için oradadır hep.

Her rölenin yeni bir hikâyesi var,
Bazılarının kolay, bazılarının kompleks konuları.
Rollerimiz bizim seçimlerimiz değil,
Trajik ya da komik olabilirsin amma velâkin
gerçek şu ki piyes eğlendirecektir o halkı.
Bazen aynı rolü yaparız
soytarı ya da kötü olarak etiketlenmek için.

Trajik rolü kalıplaştırdığım gibi,
Kimse bana başka bir rol teklifinde istekli değil.
Artık memnun olup olmamam önemli değil
Yönetmenin bakış açısını almalıyım
ve bitirmeliyim rolümü.

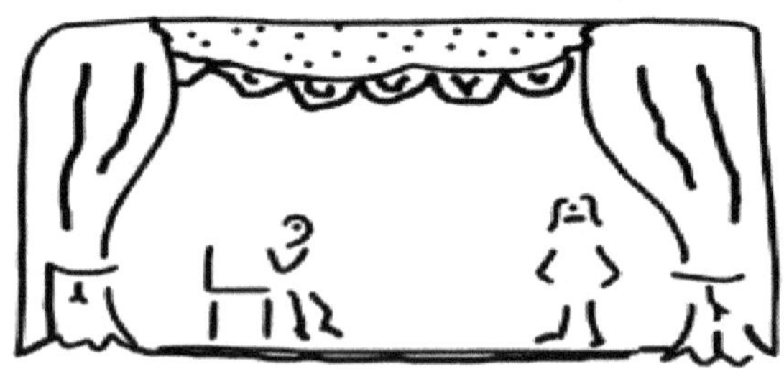

**Modern Olmak**

Yeni çağ yanılsaması-
"Modern olmak"
Ne elde ederiz?
"Bir çember içinde bir koşu"

Ne kalır?
"Bir enkaz ruh,
ve boş vücut"

Ve
"Geçecek bir köprü yok
ileri veya geri"

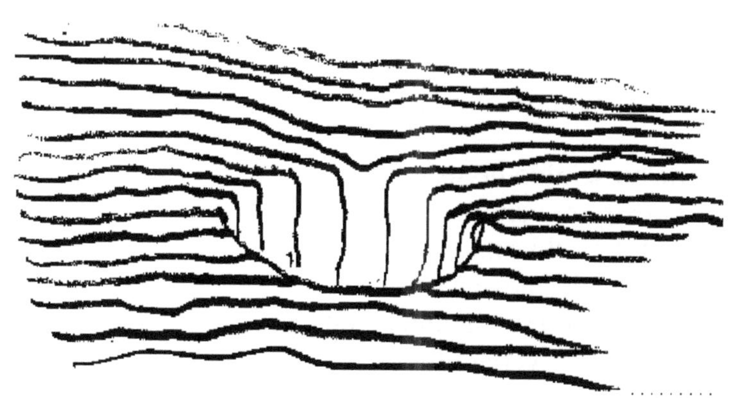

## Realite

Borçlu olduğumuz alana karşı neden şoktayız?
ve onunla özel bir hayal kırıklığını iletiyoruz?
Ne kadar az şey getirmemiz lazım
ki asıl neşe var olsun
Yanımızda şimdiye kadar taşıdığımız neşe bu mu?
Merak ederim aramızda neden tek bir yoldaş bile yok.

Frangipanilere dışarıda sürekli senin övgün lazım,
Şişmiş alaycı laflar asli cazibeydi bir zamanlar,
benden başka birine uygun görünür,
O hâlâ benim ve sanırım öyle de bilinecek
duvara astığım sanat eserinden.

Belki de bu yüzden bugünlerde
nereye gidersek gidelim kibir evcil
hayvan gibi peşimizde.
Ama anekdotlara inandığımızda
dünyevi dostlar asla bizim olamaz.

Bir evle bu şekilde hissederim,
Hazırlamalıyım majör bir toplantı
gecenin kırgınlıklarını memnun edecek
ve basitçe yerleşmeye çabalayan
çünkü herkes kendi alanındayken bile,
canı sıkkın bir ziyaretçidir.

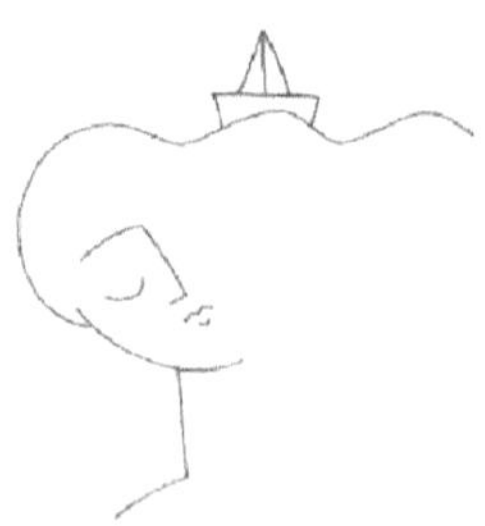

## Kitaplar

Kitaplar tedirgin kışsal bir ruh halinde ve
sesleri ısrarcı gibi gelir,
Kitaplar ne fısıldarsa, tercih etmeyiz
sosyal çevrelerde bahsetmeyi,
Ama daha fazlasını bilirler ve giydiğimiz elbiselerle
giremediklerimiz yerlerde bulundular.

Onlar huzursuz, biz hareketsiz,
Sesleri kulaklarımıza yabancı.
Küçümserler, bizi baştan savacaklar,
Çok fazla ses, çok fazla gaip muhabbet.

Bir sayfayı açtığımda ve düştüğümde
buz gibi derinliklerine batan
bir taş gibi, klişelerle konuşurum.
Dolaşırlar zamanda kötü kehanetler gibi ve
kanat çırparlar dellenmiş sayfaları göğü bulandırırken.

Onlar kemiklerimizdeki karanlık
ölü alazlar gibi kıvılcımda diretirler.
Gece gündüz ne büyük zahmete katlanırlar!
Bazı kitaplar açılmadan göz önünde kalır,
Bazı geçmişlerin kitapları da yakılıp kavrulmuştur
veya tek sayfa çevirmeden uzunca yaşasınlar.
Ölmek olgun yaşlılıkta okunmadan veya
gelecek nesil tarafından kazanılmadan.

Sararmış kitap kurtları öfkeden yenilip yutulmuş!
Ortak bir şey var—kitaplar veya erkekler,
lâkin bunu birkaç önemli kişi görebilir.
Her kitabın vardır parlayan bir itikadı
o itikat ki okuyup inanmadığımız.

## Çakıl Taşları

Zaman düzleştirir ağaç bazaltının,
vermilyon jasperin, gümüş granitin ve
soluk feldspatın gökkuşağı sertliğini,
gelgitlerin monoton ama sabırlı
kuyumcusunun yardımıyla.

Volkan kökenli, deprem kaynaklı,
ısıyla çatlamış, rüzgarla oyulmuş,
ölüm şekillendirir kayalar arasında sıkışanı,
Kırık bir kemik gibi hafifçe sürüklenir.

Gelgit ortaya çıktığında,
parçalanmış kabukların arasında göz kırpar.
Martılardan rahatsız, tuz ve güneşten ağarmış
canlıların kırık çanak çömleği.

Bir kartal yaylalardan yoklar,
sevimsiz yüklere karşı
hani buraya kadar taşıdığım,
Deniz sarılmaz bana,
ben de öylece otururum,
suların kıyıya vurduğu içi boş odun gibi,
karman çorman çakıl taşları gibi.

**Ey Yıldızlar!**

Gözlerimi diktiğimde
o uçsuz bucaksız karanlık ekrana,
Ey yıldızlar! Cayır cayır yanan bir arzu sezerim
hayati uzuvlarımın içinde.

Meleklerin canlı gözleri,
bin incelikle donatılmış,
göster o bulutsuz ışıltını
cahil dünyaya.

Ay'ın yanındaki manyetik yıldız
denizciye çıkışında rehberlik eder.
Benim kalbim seninkine
hayatla titreşerek cevap verir
ve benim katranlı ruhumu
ölümsüz bir kıvılcımla ateşler.

**İlk Muson**

Göçmen hamile bulutlar bu hoş vakitte
havai sağanaklar doğurmaya hazırlanır.
Devasa sulu damarlar, gelişmiş bir bebek gibi
Atmosferin rahminde tutulamayacak kadar çok ağır.

Şimşekler ilan ederken
hayat sıvılarının uçsuz bucaksız ikmalini,
Bezmiş köylülerin tedirgin gözleri
bekler samimi karanlık yakınlarını.

Ürkek bal arıları, çardaklardaki mütevazı serçeler,
Gelin! Yıllık sevinç alayına hoş geldiniz
ve bu ıslak şeyler hazinesini ele geçirin.
Gümüşi nokta derinleştirir her müsait yaveri,
Saf yaşam saflaşarak damlar o ulvi daldan,
Uzun ömürlü hızlı beyaz bir dere bir baskındadır.

Cilalı yeşim bitki örtüsü, durulanmış kaldırım ıslaktır,
Artık her şey uysallaşmış, vahşi doğa mütevazılaşır.
Kumun hoş kokusu insanı tatmaya cezbediyor,
Islak parti olmak, saklayacak bir andaç olmak istiyorum.

Sulu inciler yüzlerini kızartır gecikmiş güneş ışınlarında,
Tüylü yaratıklar sırada, gökkuşağı ayçası salınır.
Samimi kalp aromatik ibadeti teneffüs eder,
Dünya rengarenk süslenmiş tıpkı bir Hintli gelin gibi
İlk musonunda, gururu hükmederek.

******

**İlahi Alaca Karanlık**

Soluk ihtiyar güneş geriye bakıyor
ılık dağlık boşluğun deliklerinden
sahip olduğu ve gelinlik çağı zamanından
keyif aldığı mirasına doğru.

Şu dünyevi ortak mirasçılar
yeni bir yarına hazırlanıyorlar,
Kuşlar, eve doğru, sırada
tıpkı alaca karanlık gökyüzünü hedef alan bir yay gibi.

Yavaş alçalan sürüler yorgun keçi yollarını ölçer
çobanlar aşınmış yolları ağır ağır arşınlarken.
Toz bulutları havayı maskeler
Bu sfenks mürekkepli zamanda.

Arife lambalarının parıltısını tutarak
hayalet figürler diker ağaçlar.
Bak! Prematüre erken dönem ''Hesperus''
yarım hilal şeklindeki ikiziyle,
Yıldızlı arka plana sahip hassas bir görüntü.

Güneş batıdaki meskenine dokununca,
akıllı etkileşir taşlı-yuvarlak bir banyan üstünde.
Ruhani yayında içi geçmiş kilise çanları
ölümlü endüstrinin görev süresini anlatır.
Bu ilahi alaca karanlık zamanıdır,
Kaçınılmazı sana hatırlatır-
Bir zayıf insanlığı!

*****

**Kış**

Karlı, pigmentsiz kumaşta
kışsal içe dönük dünya bekler
günün o sıcacık öpücüğü için.
Uzun yalnız vadi boyunca
bayır buzul borasını üfler
derin ve vakur yalnızlığı
neşelendirmek için.

Çıplak yaylanın üzerinde, uhrevi bir güneş ışını
oynar kalpsiz batı rüzgarını yaydığında
lâkin fırtınalı kuzey sulu sepken şakırdar.
Bütün tarla bağlanmış yatar
gevrek bir kar kabuğu altında,
Yeryüzünü ifşa etmek için kurutur her şeyi
ve gösterir duyarlı iskelet ömrünü.

Ayaklarımın altında çıtırtıyı çatırdatmak için yürürüm
canlı mavide dans eden karanlığı görmek için.
Bir ekstazi içinde toprak içer
ılık gümüşi güneş ışığını.
Canavar ya da kuş gizli dinlenişlerinde,
Bu yapraksız ağaçlar kaderime benzer,
yalnız bir ardıç kuşu gibi yanan bağrıyla
güneşin hoş tatlılığında oturur.

Gelinciklerin yakut pankartı nasıl yayılırsa
hani zambakların uykuya daldığı yerde lâkin
gülün kalpleri atıyor hâlâ.
Toprağın taze özsuyu
ustaca işlediğinde keten çiçeklerini,
Bahçeye kar taneleri üşüştü
zayıf pencere paneline vurmak için.

Sıcacık odaya adım attığımda,

merak ederim nasıl olduğunu
benim gibi kederden aşınmış eşik taşının?
Eciş bücüş ve titreyen gölgeler
loş ışıklı tavandalar.
Cansız yıldızların renksiz kümeleri
gece gelinini süsler.
Hoşgörülü sıvı ay kayar
çıplak siyah dalın içinden.

Bir oda köşesi hava akımı süpürdü komodini,
Kanatlı özlemin haç biçimli hatları
süratle ışıldayan bir uçuş yaptı,
Her tatlı sözü tutacağıma yemin ederim
tohum umudundan oluşan sıcacık,
tüylü bir battaniyenin altında.
Tanrı tüm o evsiz ruhlara acısın.

**Benim Kulübem**

Kulübem, cennet gibi bir cazibe, parıldar
yarı sıvı camgöbeği göğün altındaki sabah güneşinde.
Uzun yılan kaldırımlarının tıslamasıyla,
ipeksi koyu yeşil çim alan beni selamlar
günlük angaryamdan geldiğimde.

Uçan ayakların hücumunu hissederim
meleksel habitatıma ulaşmaya hevesli.
Ne zaman neşesizsem, orada her daim
yaklaşılabilir duvarları var.
Çatısı karamsar güçlere karşı bir kalkan,
Tüm odalar dinlencenin ölçüsüdür,
Dış manzarayı yayınlayan oksijenli pencereler.

Akşam gölgelerinde rahatlar
küçük bir kuş pencere pervazına konduğunda,
Akşam üzeri rüya gibi bir miskinliğe dalarım
insan deneyimi diyarından habersiz
derin bir yastığa uzanarak.

**Sabah Ekstazisi**

İsteksiz gece yavaş yavaş geri çekilir,
Gri toprak, bazı loş gölgeler hâlâ havada uçuşur.
Şafak her çiftliği uyandırmak için uzun adımlarla
sallanarak yürür Sıvı ışıklı uykulu güneş kumu ısıtır.

Yükselir sabah perisi sihirli sis pelerini giyinmiş
incilerin okyanusundan
rüzgâr onun ışıltılı bilekliğini döndürürken.
Güneş ışınlarından hızlıca ta tepenin
zirvesine dek ödünç alınmış ihtişamı salınır.

Hoş kokusu ölümlülerin
miskinlerini uyandırır uykularından,
Ötüşen kuşlar ama sessizliği bozuyor asetaller.
Arıdan erken kalkmaya hevesliyim,
Belki de ilahi gücü hissetmek için, eğer o buysa.

Her ev kendi ihtiyacı olan ateşi yakar,
Sabah tütsüsünü hisset, uzaklardan gelen lirleri dinle.
Ruh taze ve gençleşmiş hisseder
şifalı ışık ilahi bir enkarneyi yayarken.

Gül demetleri ve zambaklar uyanmış,
Rüzgâr ağaçlarda saklanır, onları sallar.
Utangaç hizmetçi doldurmak için sürahiyle nehre ilerler,
Köylüler ve çobanlar her zamanki gibi yollarında,
Tüm yaratıklar meşakkatli parkurlarda hızla koşar
Çünkü yol ayak basılmamıştır, ödül parlaktır.

**Umut**

Bir gece bir günü yok ettiğinde
günahkâr bir bulutun güneşini kaplaması gibi,
tüm belirsiz bağlar yok olur gider
her kümeyi bir virane yapmak için.
Umutsuzluk kederli bir baykuş gibi oturur
alın yazısı düşmanlarımız olduğunda.
Ağır parmaklıklı beden
başı eğik ve gözleri inik ruhu tuzağına düşürür.
Eğer hiç kimse ruhsal damlanı yudumlamazsa,
Umut denilen kavalcıya hu hu! de.

Tüm hazineler elinden alınabilir
ama umudunu çalamazlar.
Yüzlerce evren salınır
ama sadece senin kalbin belirler onun kapsamını.
Umut bir uçurtma gibi tüner
sadece sen ağladığında şarkı söyler.
Işık kıtlığı varsa orada,
Onun altın madeni senin bahçende kazılı.
Hatırla feryat dolu kara gecenin ardından
gün fevkalade berrak parlak bir şekilde doğar.

Çok yükseğe uçma, gökler uzundur
ve fırtınalı bulutlar yakındadır,
Harika bir düşüş için seni geri iterler.
Hatırla, umut düştüğünde hiç kimse duymaz,
tıknaz yıkıntı içeridedir temizlenmesi için.

Umut tükenirse, ödünç alabilirsin
O korkak bir dosttur, korkusunda gaddardır.
Acını çıtlatarak, yeni bir yarın vererek,
Her dal çiçek getirmek için bekler,
Umut sana ikinci bahar şansını verir.

**Artçı Etki**
Neden gerekli?
Uyumamız gerektiğinde bir sıra ışık mı?
Rüyadayken renkli neon fantezileri mi?
Soluklanmak için içkileri kullanmak mı
iş güçle soluğumuz kesilmeliyken?

Neden orada iki kişilik var?
Gölgelerimiz olduğunda.
Evet, buna ilerleme diyorlar veya belki de
kendini yok etmenin başka adıdır o.

Kendimizi kasıtlı olarak askıya alırız
denizler ve gökler arasında
ayaklarımızın altında toprak varken.
Antitezin meyvelerini yetiştiririz
tezin sahte ağaçlarında
orada zengin sentez diyarı var iken.

Dururken kalabalığın arasında
boş uzayın kolaylığını hissetmek için,
Belki duyabiliriz fısıltılarını
yıldızların ve gezegenlerin
ama sadece insan sesine sağır olan kulakla.
Hepsi bu tuhaf dindar hayatı seyahatte
yalanlarla dolu, her yüz
kendi uzak ölüm kırışıklıklarıyla dolu.

Milyarları sayarız kutsamak için
saati sadece tek hanede
vicdanlarımız doğru olmak için çabalarken.
Mantıklı bir boşluk mu bu
biz saf serap içmenin özlemini çekerken?

Her kalp koyu Hint mürekkebine batırılmıştır
gökyüzü siyah sütü emerken.

Dünya kendi hareketi ile titrer
şans, güzellik ve gençlik de
korkunun yükü, emeğin umudu ve oyun ile.

Bir şair de bu ikilemin bir parçasıdır,
Eğer bir şiir bir enigma haline gelirse,
Eğer bir şiir çözüm sunmazsa,
Onu okumayın veya ona bakmayın yoksa
sizi bir artçı etki gibi etkileyecek
hani tıpkı yanlış reçete edilen bir ilaç gibi.

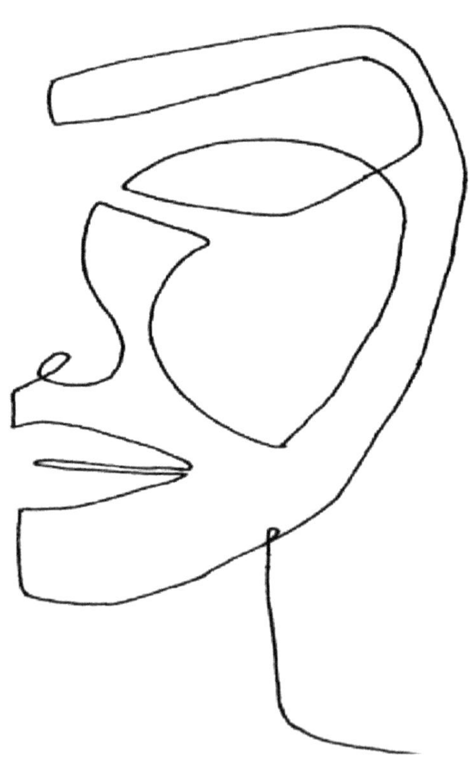

**Dalından Ayrılmış veya Ayrılmamış?**

Diyorlar ki gitmek hiçbir şey ama
yaratılışın başlangıcıdır
o halde o büyük patlama olsun
veya bir bahçe meyvesi
olgun veya hazır olduklarında, budanırlar.

Ama ben bir basit birleşmeyi tercih ederim,
ayrı olanı değil çünkü çığlar bekler
o çok uzaklara sapanları,
Ondan sonra, hayatın yarısı
siler diğer yarısını temizlik için.

Gitmek sürecin bir parçası olsa da,
Bu bölünme veya eksiltme neden?
Bir kısım ayrı, bir kısım birleşik,
Dağılma nasıl da tatlı bir çekiciliğe dönüşür!

Bu, kablosuz bir bağlantıdır
çeşitli düzeylerdeki ilişkiyle
hani daha çok seveceğimiz
ama tamamen unuttuğumuz.

Mesafe korelasyonları tanımladığından,
Buluşacağız ama talihsizlik kâfidir.
Bir sığınak kısa süreliğine,
Mesele kazanç ya da kayıp değil çünkü
bir sevinç ayrılığın hüznünü alevlendirir.

## İç Ses

Kötülük ahlâkın efendisiyken,
Gece gündüzün emrine uyarken,
Bulutlar karanlık – ağır olabilir
ama sadece onlar yağmuru getirebilir.

İman parlak olduğunda, şüpheler ihtişamını kaybeder,
bilgelik büyüdüğünde, gözyaşları azalır.
Ölümün ötesinde bir yaşam var mı?
Gökyüzünde bir yol var mı?

Bizler hevesli günahkarlarız ama affedilmeye tabiyiz.
Bir yol kapandığında senin için,
diğeri her daim daha önceden oradadır.
İçinde bir ses duyduğunda
o ruhunun saflığı, kendine olan inancındır.

**Güneş Enerjisinin Tadını Çıkar**

Geçmişin karanlık diyarlarında
şimdi, ışık tutuyor mu?
Keskin acılı gerçekler bir hayatı çimdiklediğinde
geçmiş bizi rahatlatır mı?
Yarını düşünmek
seni mahrum bırakır, esas
şimdiki stresli yaşamının görünmez minik sevinçlerini.

İçgörüyü geliştir,
tüm elementlerin tadını çıkar
hâlâ mevcutken onlar.
Güneş enerjisini hisset o hâlâ oradayken
çünkü arkasındaki gece çok geride değil.
Yeni çiçekler arayışında,
Kendi köklerinden ayrılma,
Geçmişe ağıt yakma ya da derdine düşme
geleceğin çünkü bugün o gündür.

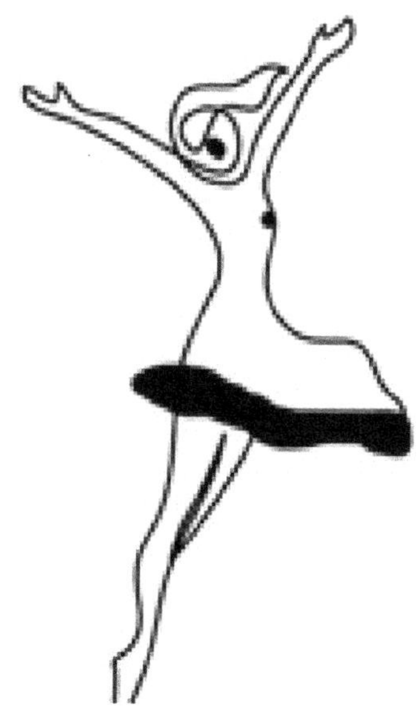

**Güzellik: Salt Mutluluk**

Güzellik bir kutsanmışlık ve bir öfori,
Hayat onun mübarek yüzünü açtığında,
Bazı yumuşak fısıltılar konuşur ruhumuzda.
Sonsuzluk bir aynada kendine uzunca bakar,
Saf renklerin değişen tonlarıyla ışıldar.
Şafakla doğudan yükselecek,
İlelebet uçuşta olan bir melek buklesi gibi.

Coşkulu güzellik merkezden iner
ve serseri küreden hoş bir nektar ışıldar.
Büyüsü göğsünün aklını çeler,
Gel! Koruların meltemli tepesini gör,
Pınarı sihir esaretinin susuzluğunu bastırırken.

**Unut Beni Şimdi**

Son nefesi aldığımda,
Mezarımın başında ağlama ve yazıt yazma
bir taşa orada olmayacağım çünkü.

Ölüm şansın kölesidir,
Yapabileceği hiçbir şey yoktur.
Şeklimi değiştireceğim,
Küllerim bir olacak
Yer kabuğu ile,
Dönerdim onun
diurnal yolunda ve canlı olurdum
yeniden, sonsuza dek, ebedi olurum.

Benim için, hayat tüm o
'eğer'den, her ne demekse, daha fazla demektir,
Beni unutmayı göze alabilirsin şimdi.

## Dünya'ya İniş

Ayakların ya da bedenin eşlik etmediği ölüm,
Çıplak kemik ayak izini takip etmek zordur.
Onun canlılık aynasındaki görüntüsünü ayırt et,
Yaşam bedenine nefes çeker ruhu.

Ölüm sulu etin enteriyörüdür,
Odun yığını cenaze ateşinin üstünde
beden kumaşının yandığını hissetmek için.
Sen Dünya'ya inmiyorsun
ama ebedi arşa doğru yükseliyor,
ve el değmemiş bir doğuşa giriyorsun.

Güneş batarken, Ay doğar.

**Şu Hoş İhtiyar Yıl**

O aşırı aceleci ihtiyar yıl
ölüm döşeğinde yatmakta
o döşek ki önceki yollarımızın yoldaşı ve
herkesin özlemine hevesli bir misafir.

Günleri bir zamanlar ışıltılıydı
ve akşamları gül renkli sarışın.
Umudu yüksekken
Hayalî görsel geceler ördü.
Liberal elini nasıl israf etti hesapsızca
hani o sahip olduğu tüm hazineleri?

Onun minik izlerini Apollo'da bulurum
veya ortadan kaybolan ay ışığında.
Sahipken çok övgüye, az suçlanmaya,
Her an için Tanrı'ya şükrederim,
ve zamanlı yaraların için seviyorum seni,
Eğer başarısızlık bensem,
bu tamamen benim seçimimdi.

Tamahtan ve çekişmelerden sakınabilirim artık
bana huzurlu bir uykuyu öğrettin çünkü.
Yeni yıl sabahına uyanmak isterim,
yargıda mantıklı, savurgan arzulardan yoksun.

****

**Çoğulluğun Tekilliği**

Güneşle yüzleşmek için kırpışırken gözler,
Hayat havasızlıkla titrer.
Doğum ölümle asla buluşmaz
Çünkü ruh özgür ama kaslıdır.
Bir güç diğerine rehberlik eder,
İki güç beraber çalışır
lâkin aynı yerde var olmalarına gerek duymazlar.

Monizm iptal eder hayatlarımızı çünkü
yaptığımız hiçbir şey sonunda kalmaz hayatta.
İlerleme veya kusurlar yok,
hiçbir şey başlamaz veya bitmez,
Dünya öyle değil, dünya kör fiyortlarla dolu,
Hiç bitmedi, asla iki kez aynı olmaz,
Biz tuttukça kaybolur, her daim yeniden kazanılır.

Mükemmellik düşen bir meyvedir
o anlam ile konu arasında.
O yüce duruma ulaşma arzumuz
her deliği hissiz ideal beyazla sıvar-
evrensel olarak bölünmeyi veya dağılmayı reddederek.

Eğer insan Tanrı'nın suretiyse, tanrı ayrılır gider,
İnsan insandır çünkü bir zamanlar canavardı.
İnsan dargınlıktan çıldırmış, kahrolmuş
dünyaya karşı iyi umutlarla veya kötü hayallerle,
ama bilincindedir bir şeylerin sevincinin ve
zamanın limitlerinin ötesine
fazlasıyla geçme gücünün.

**********************Teşekkürler***************
*****

**Kitabı beğendiyseniz, lütfen aşağıdaki Amazon bağlantılarıyla ilgili düşüncelerinizi bildirin-**

İngilizce Baskı
https://rb.gy/p2by9

İspanyolca Baskı
https://rb.gy/6pex3

Almanca Baskı
https://rb.gy/4tgbo

İtalyanca Baskı
https://rb.gy/jzvb4

Portegizce Baskı
https://rb.gy/9j786

Arapça Baskı
https://rb.gy/0pv7z

Fransızca Baskı
https://rb.gy/vq6yz

Çince Baskı
https://rb.gy/rcc8h

www.ingramcontent.com/pod-product-compliance
Ingram Content Group UK Ltd.
Pitfield, Milton Keynes, MK11 3LW, UK
UKHW021925190726
13853UKWH00002B/844

9 788835 463344